목련이 질 때

목련이 질 때

2016년 10월 1일 초판 1쇄
2017년 3월 1일 초판 4쇄

지은이 호인수
펴낸이 박현동
펴낸곳 성 베네딕도회 왜관수도원 ⓒ 분도출판사

등록   1962년 5월 7일 라15호
주소   39889 경북 칠곡군 왜관읍 관문로 61
전화   02-2266-3605(출판사업부) · 054-970-2400(인쇄사업부)
팩스   02-2271-3605(출판사업부) · 054-971-0179(인쇄사업부)
홈페이지 www.bundobook.co.kr

978-89-419-1616-1 03810

목련이 질 때

호인수 시집

분도출판사

■ 추천사

신경림(시인)

  이 시집을 읽으며 나는 예수께서 시를 쓰셨으면 어떤 시를 쓰셨을까 엉뚱한 상상을 해보았다. 이 시집 속의 시들은 높은 곳에서 아래를 내려다보지 않고 혼자 앞장서 내달리지도 않는다. 남들을 가르치려 하지 않고 끌고가려고도 하지 않는다. 낮은 것들과 함께 있으면서 함께 슬퍼하고 함께 기뻐하면서, 오히려 그 낮은 것들로부터 많은 것을 듣고 배운다. 그러는 가운데 이 시들은 세상의 아름다움이 무엇이고 삶의 기쁨이 어데 있으며 세상을 살아가면서 우리가 진정으로 해야 할 일이 무엇인가 새삼 생각하게 만든다. 하늘의 별처럼 가슴에 꼭꼭 와 박히는 시들이다.

■ 차례

추천사 5

제1부(1976~1986년)
장발 13
굴비 14
여보게 오늘 밤엔 우리 16
실직 18
순자 19
대부도를 떠나며 20
차라리 문둥이일 것을 22
겨울 개나리 24
폭포 25
사람들은 나를 보고 26
숯고개 아이들 28
부평시장 30

제2부(1987~1996년)

반딧불	33
주안역 뒤	34
어머니	36
백령도—떠나야 한다	38
백령도—찌렁새	39
백령도—벼 벤 후	40
백령도—조부락 낚시	42
유아세례를 주며	43
고해성사	44
난생 처음 이태원에서	46
은석이	48
김포평야	49
덕봉산 밑 개울에 와서	52
홍시	54
첫눈	56
세배	57
다시 섬진강에서	58

제3부(1997~2006년)

욕심	63
남해 기행	64
도깨비바늘	66
아버지의 등	68
마늘	70

서포리	71
진달래	72
로만칼라	73
도림동 강아지	74
사월초파일 아침 약수사	75
말지나 수녀님	76
뱀	78

제4부(2007~2016년)

보는 이 없어도	81
산티아고 순례길―배낭	82
산티아고 순례길―그림자	83
산티아고 순례길―개	84
4.19날 산티아고 순례길에서	85
나비	86
목련	87
나뭇잎 지다	88
레지오 마리애 까페나	89
그리움	90
혼자 드리는 미사	91
정월 보름날	92
나에게 향을 드린다	93
고로쇠물	94
우리신학연구소를 떠나던 날	95
3월, 눈	96

봉성체	97
기름값	98
쓰나미	99
부평역 지하도	100
엄마	101
어느 날 문득	102
어머니―백석 산소에서	103
안수일 변호사	104
벚꽃 아래서	105
나는 가난하지 않다	106
아버지	107
7월	108
장마 뒤	109
별	110
11월에 민들레	111
설 즈음에	112
미안합니다―홍성훈 선생을 보낸 날	113
화장―여숙자 님을 보내고	114
목련이 질 때	115
점봉산 곰배령	116
내 손녀 승윤이 승주	117
연평도	118
첫눈	119
여름	120
누나	121
바다	122

오늘 같은 밤엔	123
사랑	124
근신이 형—장례 다음 날 무덤에 와서	125
지공대사 되던 날	126
삶은 달걀을 까며	127
술값	128
기산이 형	129

발문 우리들의 신부님, 우리들의 시인 _ 박경미	131
시인의 말	149

제1부

■

(1976~1986년)

장발

나를 무슨 반역죄인처럼
눈 부릅뜨고 잡으려 하지 마세요
부끄러움도 죄가 되는 시절이라면
단번에 삭발해도 그만이지만
핏기 잃은 이마와
앞이 안 보이는 눈과
친구의 울음소리마저 들을 수 없는 귀가 부끄러워
가리고 다니는 것뿐이에요
세상에는 아부도 많고 위선도 많지만
이 부끄러움을 가리지 않고는
죽어도 얼굴을 들 수가 없어
마지막 붙잡고 있는 나의 양심이에요
정말이에요

1978

굴비

어디로 갈까
서해 바다에는 칼날만 번뜩이는데
오직 하나 따스했던 그리움만으로
가난한 어미 품을 찾아
알몸으로 눈물로 돌아온 너

단칸방 문풍지 위엔
그대로 앉아서 죽을 순 없어
집 나간 어미의 한숨이 서리고
발가락이 빠져나온 양말을 신고
침 흘리며 잠들어 있는 어린 것들 옆에서
아비들은 술 마시며
얼씨구 꼬꼬장 짓고 구두가 한 켤레

하루아침에 하늘의 은총을 받아
희희낙락하는 희고 통통한 손에
찢기고 뜯겨서 뼈만 남은 가슴으로
눈 뜨고 입 벌린 채 버려지는 삶이여

버려져 그대는 또다시 바다로 흘러가도
사랑이 있다면 사랑이 있다면
뼈만으로 눈만으로 끈질기게 살아남아
어느 날 신새벽
파도로 오라
해일로 오라

1978

여보게 오늘 밤엔 우리

여보게 오늘 밤엔 우리
피라도 한 병 팔아
실컷 마셔보지 않으려나
빈속에 술을 마셔
온몸이 만신창이가 되도록 취하면
얻어맞아도 분한 줄 모르고
무릎이 깨져도 아픈 줄 몰라

여보게 오늘 밤엔 우리
피 판 돈 조금 남겨
나무를 심지 않으려나
날이 밝기를 기다리지 말고
어둠을 삽질해서
꼭 한 그루 나무를 심으면
취한 눈으로도 볼 것이 있어

여보게 오늘 밤
이 나라에서 술 마시고 나무 심는

우리들은 도대체 무엇인가

1978

실직

그 후로
우리들은 날마다 말없이 모여
신문의 광고란을 차례로 읽거나
서로의 입을 쳐다보며 담배만 피웠다
왜 우리가 이렇게 되었는지
왜 우리는 할 말이 없는지
아무도 물으려 하지 않았다
아내들은 아이 업고 취로사업 나가고
허허한 툇마루에 걸터앉아

1978

순자

 야간학교를 졸업하면 곧바로 수녀가 되겠다던 순자는 죽음이 하나도 두렵지 않다고 했다

 순자는 어느 날 20리 먼 학교에서 정학 처분을 받고 멍든 볼이 퉁퉁 부은 채 홀어미 미제장사 나간 빈 집에 들어와 약을 먹었다

 단칸방엔 밤이 새도록 어미의 숨죽인 흐느낌만 쌓이고 하느님도 돈 없고 못생긴 아이는 슬그머니 외면하셨다

 다음 날 새벽 순자는 면도칼로 왼손 동맥을 끊었지만 세상은 마음대로 되는 것 하나도 없어 끈질긴 목숨 몇 바늘 꿰매고 다시 살아났다

 신부라고 내게 찾아와 가슴에 얼굴을 묻고 이제는 수녀도 틀렸고 죽기도 글렀으니 이 더러운 몸 술집에나 판다고 순자는 울부짖는다

 오산읍 남촌골 손바닥만 한 동네에는 소문도 없다

1978

대부도를 떠나며

겨울 바다를 헤치고
우리의 거룻배는 마산포를 향하여
대부도를 떠난다
함께 실린 소 두 마리가
멀미를 하면서
이따금씩 덮치는 파도에
풀똥을 싼다
어디선가 한 번쯤 본 듯한 중년의 작부 둘
꼭 부둥켜안고
짙게 화장한 얼굴이 온통 검다

대부는 이미 우리 땅이 아니다
최씨네 산도
이씨네 논 몇 마지기도
다투어 육지로 날리고
노름판에 처박히고
우리는 뱃터에서
막소주 한 잔에 노여움을 타 마시고

대부도를 떠난다

이제 우리는 어디로 갈까
이 악물고 남겨둔 소 두 마리를
내일 아침 사강 장에 내놓고
뱃멀미처럼 울렁거리는 빈손으로
우리는 어디로 갈 것인가
대부도 산꼭대기
예배당 종탑의 십자가는
점점 멀어지는데

1979

차라리 문둥이일 것을

차라리 문둥이일 것을
동녘의 움막집에서
순님이를 안고 어미는 하늘에 빌었다
세 살 적부터 생겨난 온몸의 부스럼을
열여섯이 되도록 순님이는 밤낮으로 긁어댔다
동네에는 언제부턴가 문둥이집으로 소문나서
울도 없는 마당은 잡초가 무성하고
홧김에 술 퍼먹은 아비는
고혈압으로 세상을 먼저 떴다
차라리 문둥이였으면
딸 하나 없는 셈치고 소록도나 보내지
오뉴월 뙤약볕 염전에서 삽질하는
홀어미의 새까만 이마
찌그러진 피부연고가
벽 선반에 뒹굴었다
집 나간 오빠는 소식도 없는데
언니는 속눈썹 달고
뉘 품에서 꿈을 꿀까

울지도 않는 순님이
차라리 문둥이일 것을

1980

겨울 개나리

개나리가 철도 모르고
막
피어난다

우리도
이 겨울 칼바람 속에
저렇게 막
피어났으면

1980

폭포

폭포는 산이 깊을수록
더욱 장관이다
아무도 모르게 끊임없이 떨어지는
저 물방울의 외로움을 보라
알몸으로 부딪쳐 깨지는
무수한 부서짐을 보라
부서져 바위를 깎는
산을 산으로 살게 하는
커다란 사랑을 보라

1982

사람들은 나를 보고

나를 보고 사람들은
예수 팔아먹고 사는 놈이라 했네
그래
그건 참으로 옳은 말씀
뒷골목 여인의 입맞춤을 받고
허구한 날 논밭에 엎드린
당숙 내외의 삯자루를 받고
연중무휴 바겐세일
인형처럼 팔았네
노예처럼 팔았네
아 내 배는 점점 불러

어느 날 밤 갑자기
창고 가득하던 예수는 바닥이 나고
미국이나 유럽에서 수입한
아름다운 포장지만 남았네
포장지에 깔린 눈물만 남았네
슬픔은 밤을 앞서 내달리고

이제 나는 더 무엇을 팔 것인가
밤이 깊을수록 눈부신 눈물
사람들은 여전히 나를 보고
예수 팔아먹고 사는 놈이라 했네
창고 가득한 그의 눈물로
내 배는 불러 있었네

1982

숯고개 아이들

너는 모를 거다 아마
담배 한 갑 다 피우고
소주 한 병 다 비우고
떨어진 속눈썹 고치려도 않고
툇마루에 주저앉아
오락가락 비행기 불빛만 바라보는
이 불면증을
너는 모를 거다

이 땅 어디에
내 피붙이 하나 있을 건가
주민등록증 없어진 지 이미 오래
쫓기고 쫓기다 쓰러진
원수 같은 이 강산에
검둥이 흰둥이 다 지나간 부서진 몸뚱어리
생전 처음 편안히 누워볼
내 땅 반 평 어디에 있을 건가

눈살 찌푸리고라도 말해다오
등 돌리고 보지 않아도 좋으니
내 흐물흐물한 젖가슴
뜨거운 입맞춤으로 안아줄
사랑이 남아 있다고 말해다오
눈치로 빚은 웃음 송두리째 팽개치고
흐르는 눈물 감추지 않으리니
생생한 우리말로
사랑을 말해다오

1982

부평시장

오늘 아침 우리는
눈을 비비거나
입 째지게 하품할 여유도 없이
누런 이빨 번뜩이며 판을 벌인다
그저 사는 것이 아니라
어떻게 사느냐가 중요하다고
아는 체 말하지 마라
여기는 한숨 쉬며
눈물 흘릴 마당이 아니다
사랑은 맞닿은 맨가슴 사이에서 피어나는 것
애써 사랑을 가르치려 하지 마라
산더미 같은 푸성귀 모두 살아 꿈틀거리고
여인들의 젖가슴 비로소 자랑스럽게 출렁거리니
사람 하나 비켜가기 어려운 이 바닥에
끈덕지게 부딪히며 살아 있다는 것은
얼마나 숨막히게 아름다운 것이냐
이념이나 사상, 질서가 무엇인지 몰라도
우리는 지금 여기에 산다

1983

제2부

■

(1987~1996년)

반딧불

그 빛도 빛이라고
밤새도록 숲 속을 떠다니느냐
웃지 마라 친구들
낮에는 햇빛 눈부셔
보이지도 않는다마는
어둠이 덮여야 비로소
꽁무니만 조금 환한 위안부
이 작은 불빛마저 없는 밤이면
숲은 얼마나 외롭겠느냐
보아라 친구들
거룩하지 않으냐

1988

주안역 뒤

온종일 지친 몸 어둠에 묻혀
돌아가는 길
흐릿한 카바이트 불빛 아래
아낙들은 숯불에 닭 굽는 연기 피우고
우리는 꼬치 한 개에
소주를 들이키며
반쯤은 욕만 남은 오늘을 덮는다

이제는 참말로 위대한 보통사람의 시대라고
저마다 목에 핏대를 세우고
천만에 두고 볼 일이라고 고개를 끄덕여도
올 봄 임금인상은
그저 뜬소문일 뿐이다
5백 원씩 추렴하여 소주 한 병 더 까고
벌건 얼굴로 끈질기게 견디어 살아온
우리는 지금 누구에게 무엇인가

깜깜한 철길 위를 휘모는 칼바람에

분간도 안 되는 석탄가루 풀풀 날려도
아무도 눈살을 찌푸리지 않는다
잔업에서 특근으로 이어지는 우리의 일터
수출 5,6공단 밤하늘엔 별도 없는데
취한 노래와 눈물이 늦도록 어우러지는
여기는 그래도
비밀이 없어 아름다운 곳

1988

어머니

집 떠날 때 들고 나온 손가방 밑창 아래
누런 갱지에 정성껏 싼 만 원짜리 열 장
어머니
당신은 그 갱지에 서툰 글씨로
밤새껏 저에게 편지를 쓰셨습니다
제발 술 많이 먹지 말고
모든 사람을 꼭같은 마음으로 대하고
무슨 일이든 앞에 나서지 말고
남들처럼 자동차 면허증이나 하나 따라고
마지막으로 내 나이 일흔셋이니
얼마 남지 않은 명줄
남한테 폐 안 되게 선종하도록 기도하라고
볼펜 꼭꼭 눌러 아프게 쓰셨습니다
말씀대로 성냥불 그어 편지를 태우면서
사십 나이에 울컥 눈물이 솟았습니다
폐병쟁이 저에게 개소주 들고 오셨던 오산읍 시골길 10리
그 뜨거운 삼복에 돌아서서 우시던 어머니
제가 이른 새벽 쇠고랑 차고 경찰서에 끌려갔던

70년대 말 어느 해 가을 추석
어머니는 주저앉아 온종일 가슴을 치셨습니다
어머니
오늘은 장대비가 죽죽 쏟아지고
섬은 온통 해무에 덮여
지척을 분간할 수 없는 날입니다
궁상스레 안 잡숫고 안 입으신 돈 십만 원
분부대로 요긴하게 쓰여질 때 기다리며
책상 속 깊이 조심스레 감춰두었습니다

1988

백령도
—떠나야 한다

떨어져 있으면서
사랑하기를 배우기 위하여
나는 떠나야 한다
사랑하기 위하여
슬픔을 터득하기 위하여
서해 바다는 더없이 외로워야 한다
온종일 바라보면서
몸부림쳐 그리워하면서
부둥켜안고 입 맞추지 못하는 우리
시린 북풍에 섬은 밤을 새워 울고
나는 발가벗은 외로움을 배우기 위하여
떠나야 한다

1988

백령도
—찌렁새

찌렁새는
때로는 대양벌레 한 마리에 눈이 어두워
덫에 걸려 소금구이가 되는 경우도 있지만
보통은 섬을 빙 둘러싼 지뢰밭 철조망 위를
눈도 깜짝 않고 날아
황해도 평안도에도 가고
충청도 전라도에도 간다
한없이 부러운 새

1988

백령도
―벼 벤 후

등 굽은 노파
지게 지고 몸집보다 더 큰 볏단을 나른다
내 평생 지지리도 박복하여
황해도 장연에서 피난 온 뒤
무정한 영감은 20년 전에 먼저 가고
자식들은 육지에 나가
새끼들 낳고 사는데
보리밭 한 뙈기와
두어 마지기 논 허투루 버릴 수 없어
혼자 남아 농사짓고 살았지
남들은 집에 사내라도 있으니
올 같은 가뭄에도 그리 어렵지 않더구먼
나는 제때에 물 못 대고
모내기에 비료에 철 못 맞춰
쭉정이 볏단 지고 걷는 구불구불 논둑길이
살아온 목숨보다 더 고달프다
빈 논두렁에 털썩 주저앉아
청자 한 대 불붙여 문 노파는

장산곶 하늬바람에 눈물 줄줄 흘리고
너풀거리는 민정당 보자기 끌러
다시 얼굴 꼭꼭 싸매며
볏짚에 고운 손 다 상하니
신부님은 어서 보던 일이나 계속 보라고 재촉한다
철조망 지뢰밭 너머엔
파도가 높다

1989

백령도
―조부락 낚시

오랜 가뭄 끝에 늦은 모를 냈으니
올 가을 수확은 반이나 될까
익지도 않은 열무김치 한 양재기에
됫병소주를 싸들고
조부락잡이 낚시나 간다
펄펄 끓는 8월의 바다
더운 낮소주 들이키고
낚시는 무슨 낚시
뱃바닥에 벌렁 누워 취한 눈 꼭 감고
2학기가 곧 시작되니
아들놈은 다음 배로 나갈 텐데

1988

유아세례를 주며

나의 때 묻은 두 손으로
하얀 네 이마에 물을 붓는다
너를 품에 안은 너의 젊은 부모와
세례를 주고 있는 나는 이미
거짓과 탐욕과 미움으로 오염된 몸
영원히 꽃이기를 바라는
바람마저 부끄러워라
아무것도 모르는 채 잠든 아가야
눈 뜨고 우리를 보려 하지 말아라
아직도 우리는 네게 줄 평화의 땅
마련하지 못했느니
너의 맑은 눈동자 똑바로 바라볼
낯이 없구나
훗날 네가 부모 되어
너의 아기 품에 안고 오늘처럼 내게 올 때도
우리는 아기 앞에서
이렇게 부끄러우면 어쩌지

1989

고해성사

때 아닌 가을홍수 끝에
하늬바람 매섭게 몰아치는데
얼어붙은 논에서
남의 벼 떨어주느라
주일미사 못했다고
고해성사 보러온 중늙은 아낙네

거친 두 손에는
죄가 묻어 있지 않았다
대답하라 교회여
죄란 무엇인가
고해야 할 것은 무엇이며
풀어야 할 것은 무엇인가

세상이 물구나무서 있다
만천하에 환하게 드러나야 할 것은
꼭꼭 숨겨져 보이지 않고
숨막히게 아름다운 삶은

사정없이 죄악으로 고발되고 있다
성경책이 거꾸로 뒤집혀 있다

어쩌자고 우리는 이렇게 살고 있는가
고운 손바닥에 성체 받아들고
목소리 곱게 가다듬어
생명의 양식을 노래하는가
겨울은 점점 깊어가는데
바람은 찬데

1989

난생 처음 이태원에서

내가 서 있는 여기는
지금 어디인가
미국인가
일본인가
사람들은 웬디스 스낵코너에서
칠리체리포테이토를 먹고
아이스크림을 핥으며 콕을 마시고
키 큰 검둥이 흰둥이 사이를
목을 움츠리고 두리번거리며 걸어가고
저것 보아라
달려오는 자동차를 멈추게 하고
사진을 찍는 사거리의 일본인이여
그대의 어깨는 어쩌면 그토록 당당한가
해가 지면
눈부신 네온사인
그 컴컴한 그늘 아래
여자들은 차례로 옷을 벗기고
진달래도 숨어서 피어나야 하는 땅이여

나는 반도 어디에서
이태원이 아닌 거리를 걸을 수 있을까

1990

은석이

이게 웬일이냐
세상에서 제일 예쁜 아기를 낳고
엄마가 되었구나
하반신 마비에
두 손 겨우 꼼지락거리더니
하늘이 하시는 일
이제 겨우 알겠다
사랑한다는 것
태어난다는 것
하늘이 송두리째 내려와
네 젖가슴에 살아 있음을
나는 보았다

1993

김포평야

언제부터였나
김포공항부터 고촌 마송을 거쳐 강화에 이르는
2차선 국도 양쪽으로 펼쳐진 논들이
봄에도 외로워 보인 것은
소들이 사라진 자리에 경운기 소음만 남고
새참 나르던 아낙들 대신
짜장면 배달 오토바이의 행렬
농주 탁배기 오가던 논두렁엔
커피잔 앞에 놓고 쪼그린 장미다방 미스 김

사람 없는 논에 무슨 생명이 나겠나
사람들은 논을 버리고 공장으로 시장으로 떠나고
농기계 하나에 겨우 사람 하나 매달려 있다
밥맛 좋은 김포쌀은 이미 옛이야기
난지도 지나고 행주대교 지나며
시커멓게 썩은 서울의 내장이 흐르는 한강
그 물 끌어 짓는 농사
화학비료와 농약 농사

말 못하는 논인들 살아남을 수 있겠나
죽은 논에서 무슨 생명의 쌀이 나겠나

아직도 농민은 순박한가
국회의원이라고 다 정치인 아니듯
교사라고 다 스승 아니듯
대한민국 서울 근교 김포 땅에서
슬퍼하는 사람 아니면
농사짓고 살아도 농민 아니다
하루가 다르게 논은 부동산으로 변하고
사람들은 저마다 두 귀 곤두세우고
강 건너 일산 신도시를 꿈꾼다

흙이 죽어 논 아니라고
땅값 떨어지는 것 보았나
농사 때려치워 농민 아니어도
우린 이제 제법 유지 아니겠나
아, 흙과 함께 죽어가는 김포평야여

사람들이여

1990

덕봉산 밑 개울에 와서

나이 오십이 넘은 윤 선생과 함께
그의 고향 강원도 횡성군 청일면
덕봉산 밑 개울에
늦더위를 피해 미역 감으러 왔다
윤 선생은 어쩌다 한 번씩 여기에 오면
어릴 적 그 소리가 들리는 듯하다고
소주잔을 비우며 더듬거렸다
동란 때 인민군이 후퇴하고 도망쳤던 경찰이 돌아왔을 때
윤 선생의 동무 아무개씨의 형은
덕봉산의 빨치산이 되었다고 소문나서
경찰은 그를 잡으러 매일 산속을 들쑤시는데
하필이면 동생 아무개씨를 앞세워
확성기 짊어지고 소리치게 했단다
혀어~ㅇ
혀어~ㅇ
끝끝내 형은 나타나지 않고
동생 아무개씨는 목이 쉬어 말도 못하고
형 형 형 형

골짜기마다 메아리만 남아
윤선생은 그 소리가 지금도 들리는 듯하단다
시체가 발견되지 않은 것으로 보아
형은 분명 이북으로 넘어가지 않았을까
형 잡으러 강제로 붙들려와 형을 부르던
지금은 농사지으며 요 너머에 살고 있는
동생 아무개씨는 그때부터 지금껏
하루도 가슴 찢어지지 않는 날 없었단다
이제 몇 년 후 거대한 횡성댐이 만들어지면
여기는 온통 물바다가 될 거라고
일찌감치 떠날 준비를 하는 사람들
덕봉산 골짜기에 혀어~ㅇ 메아리마저 물에 잠기면
형은 고향동네를 찾아올 수 있을까
밤이 새도록 윤 선생의 한숨소리만
개울물에 섞여 흐른다

1991

홍시

잎 다 떨어진 가지에
빨간 홍시 주렁주렁 많이도 달렸다

감은
가을에서 겨울까지
서리 맞으며 홀로 매달려 있거나
눈 덮인 항아리에 갇혀서
얼어터진 살 속에
단단한 씨앗 몇 개 꼭꼭 품고
기다림으로 견디어 산다

올해 감은 모처럼 풍년인데
가을은 여전히 가난하다
웬일인가
눈 씻고 사방을 둘러보아도
감처럼 견디어 사는 사람 없구나
겨울 넘어 봄까지
끝끝내 포기하지 않고

언 살에 단맛 하나 간직한 사람 없구나

1991

첫눈

그대가 하얀 눈송이로
내 얼굴에 내려앉는
꿈을 꾸다가
눈물로 흘러 가물가물 사라지는
꿈을 꾸다가
흐느끼는 내 소리에 놀라
소스라쳐 눈을 뜬 새벽
흐르는 눈물로 문밖에 나서니
그대여 오늘은
첫눈이 내립니다
사랑은 멀리 있어서
아름다운 것입니까

1994

세배

내년에도 오늘처럼
아버지께
어머니께
세배 드릴 수 있으려나

고개 들어 두 분
똑바로 바라보지 못하고
숙인 채 돌아선 얼굴
눈물이 난다

1996

다시 섬진강에서

그대와 함께
이 강에 오고 싶던 날이 있었다
그날 같은 막바지 겨울의 오후
이렇게 서로의 어깨에
천근 머리를 기대고
말없이 강가에 서 있으면
눈부시게 부서지는 강물 위의 햇살
갈라터져 피 흐르던 내 입술처럼
사방 돌과 바위에 부딪혀
시퍼런 멍투성이로 흘러온
강 상류의 골짜기에 대한 회상
눈물 흐르는 것은 아직도 찬바람 때문일 거다
이제는 그만
매어놓은 나룻배 풀어
강 한가운데 눕고 싶다
우리의 사랑은 반짝이는 물결을 타고
하늘 맞닿은 바다에 흘러들어
숨 막히는 춤을 추겠지

그렇게 기대해도 좋은 날이다
오늘은 그대와 함께

1996

제3부

■

(1997~2006년)

욕심

갑자기 이틀씩이나 큰비 온 뒤
북한강변 청평에 갔다
온갖 것들 가슴에 쓸어담고
으르렁거리며 휘돌아 돌진하는 강물
나도 저렇게
거침없이 달려보았으면
내 나이 지금 몇인지
묻지도 말고
생각하지도 말고

2001

남해 기행

서해와는
또 다른 사랑이에요
남해에 부는 바람은

서해는 긴 터널이었어요
외로운 사랑이었지요
그리움 말고는 아무것도 없던 사랑
끝내는 골 깊은 상처만 남은

애초부터 구차하게 매달리려는 건 아니었어요
어느 날 문득 반백의 머리 서글퍼지면서
사그라지는 젊음을 붙잡아두려
분별없이 허우적거리던 몸부림은
얼마나 헛된 욕심이었는지요

보아요 눈부신 햇살은
지천의 동백을 보석처럼 반짝이게 하고
여기엔 성난 파도도 개울음도 없어요

추위나 어둠이 스며들 틈 없어요
별밤마저 따뜻해요

오늘 나는 그대의 이름을 부릅니다
흐르는 눈물 콧물 얼룩진 얼굴
다시는 놓고 싶지 않은 손
그대 비록 멀리 있어도
맞지요? 내가 당신을 사랑하는 것

알았으니 서둘러 돌아가야지요
가서 오랫동안 문밖에 버려두었던
시를 다시 쓸 거예요
내 가슴 더 야위어 식기 전에
그대의 사랑으로 하여

1998

도깨비바늘

그날 도깨비바늘은
바다로 가고 싶었던 거다
내 바짓가랑이에 악착같이 매달려서라도

사람도 다니지 못하는 신작로나
산자락은 그만 싫다

꼭 뿌리내릴 일 이제는 없다
자손만대 부귀영화는
진작부터 우리의 것이 아니었으니까

바다는 작은 욕심 하나도 용납하지 않는다
한없이 넓고 깊은 사랑과 자유
거기서 너울너울 흐르고만 싶었던 거다

그래, 도깨비바늘은
더 이상 땅에 붙박여 살기는 싫었던 거다
그날 바다에서 돌아오는 내 바지에는

아무것도 매달려 있지 않았었다

1998

아버지의 등

모처럼 집에 들렀다
부모님이 아들 내외와 다 큰 손자들 데리고
십 년 넘게 사시는 아파트
거기 힘겨운 오르막길
스무 발자국쯤 앞에 아버지가 걸어가신다
한 번도 작다고 생각해본 적 없는 아버지
오늘은 유난히 작아 보인다
아버지의 등은 언제부터 저렇게 외로웠을까

집을 나서는데
아버지가 부르신다
너 돈 궁하지 않으냐
아니요 지난번에도 주셨잖아요
그거 얼마 된다고 필요하면 말하거라 혼자 애태우지 말고
걱정 마세요 저 돈 많아요
이 나이 되도록 용돈 주시겠다는 아버지
아버지가 달라지셨다
나는 끝내 아버지의 등을 보았다

아파트 정문을 나서며 금방 후회했다
달라고 할 걸
몇 십만 원쯤 주십사고 할 걸
모자라 엄마 돈까지 보태서 달라고 할 걸
뵐 날 얼마 남지 않았구나
지난 여든다섯 해가 결코 길지 않았구나
그래도 되돌아 들어가지 못하고
주먹으로 두 눈만 비볐다

1999

마늘

서해 앞바다에 폭풍주의보 발효 중
아랫집 굴뚝엔 연기도 나지 않고

혼자 앉아서
마늘을 깐다

살며시 드러나는
속살

손톱자국 나지 않게
곱게 곱게

눈이 매워
눈물이 흐른다

2002

서포리

쌀뜨물에 된장 듬뿍 풀고
꽁꽁 언 수도꼭지 앞에 앉아
시린 손으로 마늘을 까는데
느지막이 비조봉 위로 떠오르는 해
돋보기를 내려놓고
눈 감고 빨간 따스함을 가득 받네
이제야 알겠네
서포리는 결코 지는 해가 아름다운 동네 아니네
오늘 아침엔 봄이 그립지 않네

2003

진달래

너
그늘에서 더 진한
꽃잎 만져보았니
엄지와 검지로 꽃잎을 잡고
꼬옥 누르고 비비면
아, 거기서
겨우내 잊고 살았던 파르르한 신음
참고 또 참았던 눈물이 터진다

2005

로만칼라

모퉁이 슈퍼 앞에서 만난 애기 엄마
로만칼라를 안 하시니
그냥 동네 아저씬 줄 알고
인사도 안 했네요

로만칼라 안 하길
참 잘했다

2005

도림동 강아지

말뚝에 매놓은 목줄의 길이가
한 치도 벗어날 수 없는
너의 행동반경이다
그 안에서 주는 밥 먹고
똥 싸고
폴짝폴짝 재롱떠는

보이지 않는 내 목줄은
어디에 얼마큼 매여 있을까
한 걸음도 더 나갈 수 없는

2006

사월초파일 아침 약수사

서어가아모니부울
서어가아모니부울

고성능 확성기는
앞뒷산이 쩌렁쩌렁 울리도록
수백 수천 번 반복 또 반복

부처님
생신 날 새벽부터 저 극성
짜증 나지 않으십니까

곁에 계신 보살님은
언제부터
오리온 투유 초콜릿을 잡수셨나요

2006

말지나 수녀님

세상에 눈물 많다 많다 그렇게 많은 사람 보셨습니까
경기도 용인시 삼계리 무의탁노인 전문요양원
행복한집 원장
귀먹은 할머니 불쌍하다고 울고
춤을 너무 예쁘게 잘 춘다고 울고
시집간 딸 면회 와서 엄마 붙들고 운다고 울고
자식 없는 할머니 일 년 열두 달 찾는 이도 없다고 울고
맛난 복숭아 사다드리니 잘 잡숫는다며 울고
추석빔 입혀드리니 부잣집 어른 같다며 울고
한밤중에 119 불러 응급실 가며 울고
돌아가실지 모르겠다며 울고
할머니들 운다고 슬퍼서 울고 웃는다고 기뻐서 울고
이야기하다가 울고 듣다가 울고
크지도 않은 눈에 늘 그렁그렁 눈물을 매달고 삽니다
내 한 팔로도 거뜬히 들어 올릴 것 같은 몸집
어느 구석에서 눈물이 그토록 솟아날까요?
그래도 실은 울기보다 웃기를 더 잘하는
연못 바닥 진흙에 얼룩진 작은 맨발이 예쁜

말지나 수녀님

2006

뱀

땅 위로 드러난 나무뿌리까지
죄다 뱀 같이 보여
비가 오면
산길도 못 걷겠다
전생에 나는
맨날 잡아먹히기만 하는
들쥐였나 보다

2006

제4부

■

(2007~2016년)

보는 이 없어도

보는 이 없어도
진달래는 저 혼자 피고
봄은 소리 없이 오네
오늘 아침도 습관처럼
세수 안 한 얼굴로 산에 올라 고함치는
내가 부끄럽네

2007

산티아고 순례길
―배낭

떨어질세라 등짝에 거머리처럼 붙어 있네
꼭 반만 덜면 날 것 같은 내 삶의 무게
한 걸음이 힘들어도 버릴 수 없네
자식이 이럴까

2008

산티아고 순례길
―그림자

해만 뜨면
어김없이 앞장서 가니 고마워라
Camino de Santiago
언덕 너머 끝없이 이어지는 밀밭 길
후들거리는 다리와 찢어지는 어깨
내 몸매를 고스란히 보며 걷는다는 것
집 떠난 후 한 번도 면도하지 않은 내 얼굴은 어디

2008

산티아고 순례길
―개

마을길을 제멋대로 어슬렁거리거나
아무 데나 벌렁 누워 우리를 쳐다보는 개들은
눈빛도 호의적이고 순하디순한 반면
철책에 갇혀 있거나 사슬에 매여 있는 개들은
사나운 이빨로 물어뜯을 듯 덤벼든다
동서고금을 막론하고
사람도 다 그런 것을

2008

4.19날 산티아고 순례길에서

무엇이 보이느냐
짙은 안개 속을 홀로 나는 새
4.19날
폰세바돈 산마루에 눈 내리고
십자가 돌더미 위에
집에서 가져온 돌멩이 하나 얹었다
안개 저편은 여전히 보이지 않고
지금
진달래 붉은 수유리엔
누가 엎드려 울고 있을까

2008

나비

나비는 새와 달라서
무게가 없네
울지 않네

노무현이 부엉이 바위에서 몸을 던졌대

나비 한 마리
제주도 알뜨르 비행장을 걷고 있는
내 밀짚모자 위에 살며시 날아와 앉아
나와 함께 걷네

2009

목련

겨우 한나절 따스한 봄볕에
희디흰 목련 눈부신 알몸을 열었다
서글퍼라
내 눈엔 벌써
속절없이 지는 검버섯 보이나니

                                            2010

나뭇잎 지다

옷을 벗는다는 것은
무거워 더는 못 견디겠다는
더 이상은 숨길 게 없다는
당당히 서로 마주 서자는

그리하여 옷을 벗는다는 것은
끝없이 자유로워지고 싶다는
나의 간절한 열망

2010

레지오 마리애 까떼나*

올겨울 들어 제일 춥다는 날
부천 북부역 사거리
외투는커녕 목도리도 없이
물방울무늬 초미니 원피스 하나 달랑 입고
온몸을 오들오들 떨며
(때마침 휘몰아치는 칼바람에 머리는 산발)
신호등 아래 서 있는
화장기 없는 저 젊은 여인은 누구신가?
(스타킹은 신었나?)

2011

* 가톨릭의 기도 단체에서 매일 바치는 '마리아의 노래' 기도문

그리움

보이지 않아도
들을 수는 있네
아무도 없는 눈 덮인 계곡
얼음장 밑을 흐르는 저 물소리

2011

혼자 드리는 미사

아무도 없는 방에서
혼자 미사를 드렸다
환갑이 넘도록 몇 번 없던 일이다
기도문이 하나하나
별 되어 가슴에 박혔다
오늘 내가 먹고 마신 것은
그 옛날 예수의 몸과 피가 아니라
얼굴이 분명치 않은
당신의 앙상한 젖가슴과 눈물이었다
마신 눈물이 흘러
성체보 위에 떨어졌다

2011

정월 보름날

유난히 혹독했던 겨울
여든넷 일흔여덟 내외가 70년째 사는
당진군 대호지면 도이리 산 밑 외딴집에 왔다
올해는 쇠죽 쑬 일도 없어
남은 눈 희끗희끗 얼어붙은 마당에
일찌감치 장작불 피워놓고
무나물에 말없이 막걸리를 마신다
장작불 연기 사이로 달 떠오른다

2011

나에게 향을 드린다

꽃 같은 수녀님 종신서원미사에
복사가 내 앞에 와서
나에게 향을 드린다
으흐—
향 연기 맵지 않아도
눈 못 뜨겠다
고개 못 들겠다

2011

고로쇠물

나무가 먹고 살아야 할 물
내가 빼먹었어
천 년 만 년
무슨 복을 누리겠다고

2011

우리신학연구소*를 떠나던 날

사람들은 상상이나 할 수 있을까
천주교회의 머리 허연 근엄한 사제가
낮술에 벌게진 얼굴로
한 손에 강화도 친구가 준 순무김치 보따리 들고
찬바람 봄볕 아래
고개를 떨구고 눈물 훔치며
어정어정 걸어가는 뒷모습을

2011

---

* 내가 몇몇 후배들과 함께 20여 년 전에 만들어 열정을 쏟았던, 한국천주교회에 하나밖에 없는 평신도 연구소

3월, 눈

앞 다투어 달려 나오다
일제히 주춤하고
뒤를 돌아다보는
이 적막

2011

봉성체[*]

나
그대의 밥이 되어
그대가 있는 곳이면 어디든
가네

2011

[*] 거동이 불편한 환자나 노인을 방문하여 성체를 드리는 천주교 예식

기름값

내 차 고이 모셔두고
늘 그랬던 것처럼
걷거나 버스 타면 된다
그래도 어쩐지
주유소 앞을 지날 때면
덜컹 가슴이 내려앉는다

2011

쓰나미

우리 민족의 철천지원수 일본에
사상 최악의 쓰나미
하나도 고소하지 않다
안중근 장군이 울고 있다

2011

부평역 지하도

우리 성당에서는 구경도 못하는
중딩 고딩
청바지 핫팬츠들
어제 저녁 부평역 지하도를 지나다 보니
죄다 거기 모여 있더라
모여서 아무것도 안 하고
그냥 웃으며 서성대기만 하더라

2011

엄마

3월 하순에 접어드는 날
비는 내리고
섬진강길 따라 매화마을에 갔습니다
유별스레 꽃을 좋아하셨던 엄마
살아생전에 한 번도 해보지 못한 일
오늘은 제가 업어 모시겠습니다
엄마젖 만지고 싶습니다

2011

어느 날 문득

어느 날 문득
양변기에 앉아 내려다보니
투실투실 살찐 내 허벅지
이거 썰면 몇 근이나 될까
어젯밤에 구워 먹은 삼겹살

2011

어머니
―백석 산소에서

중학생 시절
서울행 첫차 놓치지 않도록
매일 새벽밥 먹여 나를 등떠밀어 보내시고
어머니는 빨간 함지박에 생선 받아 이고
진종일 집집마다 대문을 두드리셨습니다
그걸 견딜 수 없어
나는 집 떠나 신학교에서 옴니부스 옴니아*를 배우고
환갑 넘어 지금껏 혼자입니다
어머니 오늘은
당신 발치에 홀로 서 있는 제가 안쓰러우십니까

2011

---

* '모든 이에게 모든 것'이라는 뜻의 라틴어

안수일 변호사

그는
충북 괴산 나의 살던 고향에서
나보다 먼저 왔다가
나보다 먼저 떠나갔다
그동안 나는 참 즐거웠다

2011

벚꽃 아래서

나도 너처럼
눈부시게 환한 때 있었지만
또 그렇게
서둘러 지고만다는 것을
네게 배운다

2011

나는 가난하지 않다

나는 가난하지 않다
학교를 마치고 사제가 된 후
먹을 게 없어 분식집 앞을 서성이거나
신을 게 없어 구멍 난 양말과
밑창 새는 구두를 버리지 못한 적 없었다
보고 싶은 책이나 영화를 못 보고
차비가 아까워 팍팍한 십리 길을 걷고
여관비 없어 찜질방을 전전하거나
하고 싶은 여행을 못해본 적 없었다
집들이에 초대를 받아도
문상이나 문병을 가도
우르르 대폿집에 몰려가도
습관처럼 나는 으레 빈손 맨입인데
사람들은 말한다
신부가 무슨 돈이 있냐고
가난은 오늘도 남의 말
행복은 여전히 멀다

2011

아버지

올해로 스물아홉 난
아비보다 주먹 하나는 더 큰
정신지체장애 1급 아들이
제 이빨로 물어뜯어 피가 돋는 검지 손가락을
얼른 입에 물고 정성껏 빨아주는 중늙은 아버지

2011

7월

뙤약볕 뜨거워지니
얼굴에 부지런히 선크림 바를 줄은 알면서
담장 위에 지천으로 핀
넝쿨장미 소리 없이 지는 것
나는 몰랐었구나

2011

장마 뒤

어젯밤에도 장대비는 쏟아졌다
생전 열릴 것 같지 않던 하늘 파아란 아침
어떻게 살아남았을까
목 쉰 매미 울음소리
동료가 떨어져 죽은 영도조선소 85호 크레인
35미터 상공에
쉰세 살 김진숙 씨

2011

별

시나이산에 오르면서 비로소 보았습니다
오래전부터 거기 계셨던 당신
내가 몰랐을 뿐입니다

2011

11월에 민들레

쌓인 낙엽 사이로
샛노란 민들레 한 송이 비집고 올라왔습니다
할머니는 곡기를 끊으시고
서른이 훨씬 넘은 희선이는 예쁜 첫딸을 낳았습니다

2011

설 즈음에

선잠 깨어 창문을 여니
머리 위에 힘겨운 하현 반달
아, 얼마 남지 않았구나
나도 저렇게

2012

미안합니다
―홍성훈 선생*을 보낸 날

산 사람은 먹어야 하니
이 추운 겨울날 당신을 땅에 묻고
돌아서서 우리는
뜨거운 육개장을 허겁지겁 먹었습니다
미안합니다

2012

* 40년 넘도록 가까운 술동무이자 나의 후견인이었던 선배 외과의사

화장
―여숙자* 님을 보내고

집 뒤편 과수원 배꽃보다 더 화사하고
앞마당 복숭아꽃보다 더 곱던 그대
가마에 들어간 지 꼭 한 시간 만에
가로세로 두 뼘도 안 되는 흰 보에 싸여 돌아오니
이게 도대체 누구신가
내 가슴엔 당신의 영정만 남으시라

2012

* 30년이 넘도록 가까웠던 농부 배재완 형님의 부인

목련이 질 때

어느덧 여름 같은 봄날
하얀 나비 한 쌍 폴폴 날아
저보다 더 흰 꽃더미 속으로 사라지더니
꽃잎 되어 후두둑 진다
떨어진 꽃잎은 나비가 아니다
서둘러 봄이 간다

2012

점봉산 곰배령

주민등록증 확인하고
입산허가증 목에 걸어주고
숲이 나를 검문한다
이게 무슨 짓이냐
불신의 세상
용케도 환갑을 넘겼다

2012

내 손녀 승윤이 승주

평생 독신으로 살았으니 자식이 없고 자식 없으니 손자가 있을 리 만무한 나는 요즘 새로 연애하는 기분이다
 팔순을 바라보는 누나의 마흔이 다 된 외동딸의 딸들
 올해로 아홉 살 난 승윤이 다섯 살 난 승주
 엊그제도 내게 달려와 양팔 가득 안기는 그 냄새 그 감촉이라니
 애들아 너희들 지금 여기서 딱 멈추고 더는 자라지 말기를 바라는 이 할아비 참 못됐지?

2012

연평도

포탄 맞고
복구할 새도 없이
태풍이 할퀴고 가서
섬은 곳곳이 흉터투성인데
아, 눈부신 코스모스
낮부터 청 높은 저 귀뚜라미
떼 지어 나는 고추잠자리는
다 어디서 왔을까
2012년 추석, 연평도
울 안엔 목련꽃 배꽃 피어나고
산길엔 벚꽃 만발이네

2012

첫눈

멀리 있어
더욱 그리운 그대
서러운 첫눈

2012

여름

눈 뜨면 사방에 넘쳐나는 나신
얼음처럼 매끄러운 두 다리
눈부시게 반짝이는 빨간 발톱들
등 뒤에서 소슬바람 대기하고 있는 것
저들은 알까?

2013

누나

알몸이 아니어도
당신의 굽은 등을 나는 보았습니다
엄마 떠나신 후
엄마보다 더 엄마 같은

2013

바다

저 멀리 수평선은
한없이 고요하고 평화로운데
발밑에 덤벼드는 파도는
사납기 그지없네
고요한 아침의 교회

2013

오늘 같은 밤엔

오늘 같이 비 오는 밤엔
창 너머 빗소리 들리는 밤엔
견디다 못해 비둘기슈퍼 문 닫고
두 내외 봉고차로 기어이 떠난 날 밤엔
슈퍼 앞 빈 탁자에
빗방울 사정없이 튀는 밤엔
선잠 문득 깨어
먹다 남은 소주 반 병 생각나는 밤엔

2014

사랑

눈치 없이
바쁜 시간에 전화를 걸어
당신 난처하게 할까봐
핸드폰 뚜껑을 열었다 닫았다
결국 포기하고 말았다는
당신의 말
나도 다 알고 있는
사랑한다는 것이었어

2014

근신이 형[*]
―장례 다음 날 무덤에 와서

어제는 10년 병상보다 더 지루한 비가 와서
서둘러 덮은 흙이 마르지도 않았다
한 젊은 여인이 차에서 내려
총총 뛰어와 두 번 절하고
저만치 환한 벚꽃 아래서
손가락 V자 만들어 사진 한 방 찍고
급히 차문 꽝 닫고 떠났다
비석도 잔디도 없는
삽 자국 선명한 거친 흙더미 아래 누워
근신이 형 내게 눈 찡긋하며 빙그레 웃는다
생시처럼 오늘도 그렇다

2015

[*] 고등학교부터 같이 다녔던 나의 1년 선배 사제

지공대사 되던 날

국가 공인 지공대사 되던 날
주민센터 여직원에게 카드 받아 들고 맨 먼저
화장실에 가서 찬찬히 얼굴을 뜯어보았습니다
아직은 한참 괜찮아 보입니다
벌건 대낮 집에 돌아오는 길
누군가 자꾸만 등을 떠밀며
이젠 차비도 안 받으니
지하철 타고 광화문에 나가보라 했습니다

2015

삶은 달걀을 까며

조심조심 옷을 벗기고
곱디고운 당신의 속살을 봅니다
두 손으로 고이 감싸들고
살포시 입술을 댑니다
먹을 수가 없습니다

2015

술값

차츰
나이를 먹을수록
취할수록
네가 왜 그리 불쌍해 보이는지
슬그머니 먼저 낸다
술값

2016

기산이 형

주교 된 다음부터는
형이라 부르지도 못하겠더니
창살 가득 넝쿨장미 붉디붉은
오월을 이틀 남긴 오늘 아침
목쉰 부음 들었다
이제 꼭 17년 만에 다시 형 되어
사랑하고
울고
화도 내시라
기산이 형

2016

■ 발문

우리들의 신부님, 우리들의 시인

박경미(이화여대 교수)

1.

호 신부님께 시집의 발문을 써줄 수 없겠느냐는 부탁을 받았을 때 손사래를 쳐야 마땅했지만, 넙죽 쓰겠다고 했습니다. 평론가도 아니고 시를 잘 알지도 못하고, 게다가 신부님을 알아온 지도 얼마 되지 않으니 사양해야 마땅하고 두려운 마음도 없지 않았지만, 실은 기뻤고 고마웠습니다. 신부님이야 아는 분도 많으시고 그 아는 사람에는 당연히 평론가들도 포함될 것입니다. 하지만 제게 부탁하신 데에는 신부님 나름의 이유가 있었을 것이고, 지금도 제가 잘 알지 못하는 그 이유와 상관없이, 지난 몇 년간 신부님과, 또 신부님 주변의 사람들과 만나면서 제가 느꼈던 우정과 환대의 경험이야말로 삶이 제게 준 아주 좋은 선물들 가운데 하나라고 여기기 때문에 신부님의 시와 신부님에 대해 글을 써서 모두를 기쁘게 해드리고 싶었습니다.

신부님과 여러 차례 술자리를 함께하면서 느낀 것은 신부님이 별로 말이 없으신 대신 술잔 챙기는 일을 기막히게 잘하신다는 것이었습니다. 다른 사람이 하는 말에 가끔 맞장구를 치거나 개구쟁이처럼 놀리시기는 해도 신부님은 자신의 생각이나 주장에 대해서는 말을 아끼셨습니다. 세상에 남의 말에 귀를 기울여주는 부류와 그렇지 않은 두 부류의 사람들이 있다면, 신부님은 전자, 그것도 아주 명민하고 쾌활하게 남의 말에 귀를 기울여주는 사람에 속했습니다. 신부님은 남에게 떠벌리기 위해 무슨 일을 하는 부류의 인간이 아니고, 대단한 말을 좋아하지도 않으십니다. 그냥 신부님과 함께 있으면 세상과 화해할 수 있을 것 같았고, 삶을 짓누르는 걱정들을 잊을 수 있었습니다. 사람들과 함께 있을 때 신부님이 전해주는 행복은 조용하면서도 전염력이 있습니다. 그런 행복은 우리에게 하늘과 땅과 새롭게 친교하는 법을 일러줍니다.

그런데 이 글을 통해 제가 호인수라는 한 인간을 그의 시의 언어로 옷 입혀 인쇄된 종이 위에 다시 살아나게 하는 일을 할 수 있을까요. 더군다나 신부님은 책으로 그 업적을 기록하거나 기념비를 세워 기릴 수 있는 종류의 사람이 아니니까요. 적어도 이 시들을 통해 엿본 신부님은 완전히 사람들과 함께, 사람들 속에서 행동으로 사셨습니다. 그런 삶은 그 관계들과 행동이 끝나면 남는 게 별로 없는 법입니다. 오직 함께한 사람들의 기억 속에 빛나는 몇 개의 말들로만 남아 있을 수 있습니다.

그러나 따지고 보면 어리석은 인간이 깨닫지 못할 뿐, 그렇게 삶에서 우리가 맺는 관계들과 기억들, 말들 말고는 아무것도 남는 것이 없다는 사실이야말로 우리 삶의 신비가 아니겠습니까? 신부님의 시에서 읽을 수 있듯이, 우리를 둘러싼 모든 것들, "하얀 눈송이로 얼굴에 내려앉는 첫눈", "묶여 있는 개", 겨울 하늘 아래 철모르고 피어난 개나리 같은 것들이야말로 신비롭고, 저마다 그 신비를 밝혀달라고 시인을 향해 졸라댑니다. 세상의 모든 철학자들과 신학자들, 모든 사람들이 다 모인다고 해도 그런 작은 것들 가운데 하나, "희미한 반딧불이" 하나도 만들어낼 수 없는 마당에, 결국 우리가 할 수 있는 일이라고는 시인의 일, 그 신비의 잠겨진 자물쇠를 푸는 열쇠를 각자 직접 만들어가는 일밖에 없지 않겠습니까. 그리고 그 일은 신부님도, 저도 말로 할 수밖에 없습니다.

2.

 생각해보면 우리는 너도나도 남보다 앞서고 남을 밟고 이겨야 살 수 있다는 참으로 이상한 생각을 하면서 살고 있습니다. 하느님이 창조하신 세상은 잘난 사람이나 못난 사람이나 저마다 할 일을 하며 서로 도우며 사는 세상인데, 어긋나도 한참 어긋났습니다. 그러다 보니 세상에 가진 것 없고 내세울 것 없는 사람은 사는 것이 배로 힘겹고 외롭습니다. 젊은 시절 섬에서 섬으로 옮겨다니면서 신부님이 만난 사람들이 그런 사람들이었습니다. 그들은 경제성장의 기관차가 폭주하는 동안 영문도 모른 채 뒤로 밀려났거나 묵묵히 살던 대로 살다가 짓밟힌 사람들입니다. 실직하여 아낙네들의 벌이에 의존하며 술을 마시는 남편들, 수녀가 되려다가 약을 먹은 순자는 1970년대, 80년대에 쓰신 시들의 주인공들입니다. 그들 머리 위에는 하늘도 무심하게 텅 비어 있습니다. 그런 사람들과 함께하면서 신부로서 아무 일도 할 수 없는 데 대한 아픈 마음을 시에서 절절히 표현하고 있습니다.

 "세 살 적부터 생겨난 온몸의 부스럼을/ 열여섯이 되도록 밤낮으로 긁어대는" 순님이, 홧김에 먹은 술로 세상을 먼저 뜬 아버지, "속눈썹 달고" 누군가의 품에 안겨 있을 언니, 오뉴월 뙤약볕 염전에서 삽질하는 홀어미의 새까만 이마, 벽 선반에 뒹구는 찌그러진 피부연고. 이 움막집 안에서 순님이를 안고 어머니는 차라리 문둥이였으면 "딸 하나 없는 셈 치고 소록도나 보내지"라고 하늘에 빕니다[「차라리 문둥이일 것을」(1980)]. 아마도 이것은 1970년대, 80년대 신부님이 직접 만나고 삶을 함께 나누었던 백령도, 덕적도 사람들의 실제 모습일 것입니다.

이 시기 시들은 실제 민중의 삶 속에 다가가서 그들에게 감정이입하여 신부님이 느꼈던 깊은 슬픔과 분노, 격정, 좌절을 담고 있습니다. 민중사회전기라고 할 수 있을 정도로 매우 사실적이면서 동시에 주체할 수 없이 흔들리는 감정이 그대로 드러납니다. "이 악물고 남겨둔 소 두 마리를/ 내일 아침 사강 장에 내놓고" 어디로 갈 것인지 막막하기만 한 채 대부도를 떠나는 사람들, 그들 머리 위로 점점 멀어지는 "대부도 산꼭대기/ 예배당 종탑의 십자가"[「대부도」(1979)]는 아마도 고향의 형상이며 신부님 자신일 것입니다. 고향이 말없이 아무 힘없이 그냥 힘이 되고 의지가 되듯이 신부님도 그러고 싶으셨을 것입니다. 바닥으로 바닥으로 내려가 최선을 다하는 사람들과 함께 살며 스스로 거룩해지는 데 밑거름이 될 수 있다면 그보다 나은 삶은 없을 것입니다.

이렇듯 삶은 밑으로 밑으로 중력의 법칙에 이끌리지만, 최종적으로는 어떤 균형의 상태에 이릅니다. 죽음에 이르는 아래쪽으로의 여정에서 삶은 부침을 겪으며 마침내 한곳에

둥지를 틉니다. 하늘은 말없이 조용하고 작은 사람들이 고통당하는 것을 그대로 내버려두지만, 혼자라는 생각이, 의지할 우리 편이 하늘에도 땅에도 없다는 생각이 오히려 저항할 힘을 우리 내부에서 찾지 않으면 안 된다는 생각을 서서히, 그리고 혼란스럽게 싹트게 만들고, 비로소 작고 보이지 않는 존재들 속에서 희망을 찾아가게 됩니다. 그들은 고통 속에서도 진실한 사랑을 갈구하는 사람들이고, 빛나는 존재들입니다. 시인은 폭포에서도, 반딧불이에서도 그 아프고 외로운 희망을 봅니다.

폭포는 산이 깊을수록/ 더욱 장관이다/ 아무도 모르게 끊임없이 떨어지는/ 저 물방울의 외로움을 보라/ 알몸으로 부딪쳐 깨지는/ 무수한 부서짐을 보라/ 부서져 바위를 깎는/ 산을 산으로 살게 하는/ 커다란 사랑을 보라
―「폭포」(1982)

그 빛도 빛이라고/ 밤새도록 숲 속을 떠다니느냐/ 웃지 마라 친구들/ 낮에는 햇빛 눈부셔/ 보이지도 않는다마는/ 어둠이 덮여야 비로소/ 꽁무니만 조금 환한 위안부/ 이 작은 불빛마저 없는 밤이면/ 숲은 얼마나 외롭겠느냐/ 보아라 친구들/ 거룩하지 않으냐

—「반딧불」(1988)

철모르는 겨울 개나리가 막 피어나듯이 "우리도 이 겨울 칼바람 속에 저렇게 막 피어났으면" 하는 바람은[「겨울 개나리」(1980)] 바닥으로 내려가 모두가 서로를 존귀하게 여기며 서로 돕고 사는 세상, 예수가 꿈꿨던 새 세상에 대한 바람일 것입니다. 이웃과 더불어, 자연과 더불어, 천지신명과 더불어 그 모든 것을 귀하게 여기는 마음으로 함께 살아가는 모습을 세상에 보여준다면 그보다 아름다운 것이 어디 있겠습니까. 1970년대, 80년대 시들에서 보이는 절망과 분노, 격정은 언뜻 과하고 거칠어 보일 수 있지만, 실은 그 싯구들 밑바탕에 흐르는 신부님의 삶, 일거수일투족은 하나도 지성스럽지 않은 것이 없습니다.

이런 지성스러움이 나이 들어 작은 사물 하나에서도 그 밑에 흐르는 희망과 사랑의 음조를 발견하게 만들고 스스로를 되잡게 만듭니다.

보는 이 없어도/ 진달래는 저 혼자 피고/ 봄은 소리 없이 오네/ 오늘 아침도 습관처럼/ 세수 안 한 얼굴로 산에 올라 고함치는/ 내가 부끄럽네

—「보는 이 없어도」(2007)

보이지 않아도/ 들을 수는 있네/ 아무도 없는 눈 덮인 계곡/ 얼음장 밑을 흐르는 저 물소리
―「보이지 않아도」(2011)

시나이산에 오르면서 비로소 보았습니다/ 오래전부터 거기 계셨던 당신/ 다만 내가 몰랐을 뿐입니다
―「별」(2011)

그리고 드디어 생명의 전체적인 함께하심을 11월의 민들레 한송이에서 발견합니다.

쌓인 낙엽 사이로
샛노란 민들레 한 송이 비집고 올라왔습니다
할머니는 곡기를 끊으시고
서른이 훨씬 넘은 희선이는 예쁜 첫딸을 낳았습니다
―「11월의 민들레」(2011)

자연과 인간, 인간과 인간, 태어남과 죽음이 이음새 없이 하나로 이어지고, 시를 쓰고 있는 시인 역시 고정적으로 있는 것이 아니라 유기체적인 전체 안에, 관계 안에 있습니다. 끊어질 수 없는 생명의 연대, 헤어질 수 없는 관계 안에서 사

물을 이해하고 바라볼 때 서로 화합하고 평화를 이룰 수 있을 것입니다. 하늘은 말이 없지만, 그래도 그 아래 사시사철이 돌아가고 만물이 나고 자랍니다. 신부님은 드디어 이 이치, 무위이화의 이치 속에 계신 하느님을 본 것일까요?

3.
  이 시집은 1976년부터 10년 단위로 시들을 묶어서 총 4부로 구성되어 있습니다. 그러니까 20대 후반 아마도 신부님이 처음 서품을 받고 본당에 부임할 때부터 시작해서 10년 단위로 시들을 추려서 실었습니다. 그중 마지막에 해당하는 2007년부터 지금까지 쓴 시가 거의 절반 가까이 차지하고 있습니다. 그러니까 이 시들을 죽 따라 읽어나가다 보면 청년 시절부터 노년에 이르기까지 신부님이 지나온 인생 내면의 여정을 엿볼 수 있을지 모릅니다. 젊은 시절부터 현재에 이르기까지 반복해서 나타나는 주제 중 하나는 사제로서 자신의 삶을 시라는 거울을 통해 들여다보는 것입니다. 한편으로 그것은 아무리 바닥으로 바닥으로 내려가서 '순자들'과 '순님이들'과 함께해도 그들과 하나가 될 수 없는 자신에 대한 질책입니다. 특히 1970년대, 80년대의 시들에 그런 자책이 자주 나타납니다. 그것은 "예수 팔아먹고 사는 놈"이라는 자책입니다.

뒷골목 여인의 입맞춤을 받고/ 허구한 날 논밭에 엎드린/ 당숙 내외의 삽자루를 받고/ 연중무휴 바겐세일/ 인형처럼 팔았네/ 노예처럼 팔았네

―「사람들은 나를 보고」(1982)

예수에 대한 사랑, 그를 닮고 싶은 데서 출발했는데, 어느 날 밤 갑자기 "창고 가득하던 예수는 바닥이" 난 것을 깨닫습니다. 살아 있는 예수는 멀어지고 "미국이나 유럽에서 수입한 아름다운 포장지"만 남아 있는 것을 깨닫습니다. "슬픔은 밤을 앞서 내달리고" "밤이 깊을수록 눈부신 눈물"이 납니다. "예수 팔아먹고 사는 놈"이라는 말에 억울함이 아니라 슬픔, 눈부신 눈물로 반응하는 데서는 젊음의 순결과 서러움이 읽힙니다. 잘못 읽으면 과도하고 병적으로 읽힐 수 있는 이 시들 속에는 실은 그리스도 예수와의 정겹고도 풋풋한 친밀함이 가득합니다.

그래서 부끄러워하고 면목 없어 하면서도 전체적인 분위기는 건강하고 따뜻합니다. 사제로서 유아세례를 베푸는 것은 부모에서 자식으로, 또 그 자식으로 이어지는 영원한 하느님의 생명 사업에 참여하는 일입니다. 그러므로 "나의 때 묻은 두 손으로" 하는 일이지만 "하얀 네 이마에 물을 붓는" 것은 복된 일이며, 아무나 그런 일을 하는 특권을 누리지 못

합니다[「유아세례를 주며」(1989)]. "거짓과 탐욕과 미움으로 오염된 몸"으로 "영원히 꽃이기를 바라는 바람"마저 부끄럽지만, "너의 맑은 눈동자 똑바로 바라볼 낯이" 없지만, "훗날 네가 부모 되어 너의 아기 품에 안고 내게 올 때"를 상상할 수 있습니다. 사제란 영원한 생명께서 하시는 일에 참여하는 직분입니다.

아무리 "세상이 물구나무 서 있어도" "하늬바람 매섭게 몰아쳐도" 겨울이 가면 다시 봄이 오고 또 꽃이 피고 지고 할 것입니다. 그리고 시나이산에 올라서야 비로소 보았지만, "다만 내가 몰랐던" 것일 뿐 당신은 "오래전부터 거기"[「별」(2011)] 계셨습니다. 그 때문에, '당신' 때문에 그 모든 애절하고 서럽고 안타까운 사정들이 석양의 빛처럼 환하고 따뜻한 빛 아래 조망될 수 있습니다. 한편으로 생각하면 나는 목줄에 매인 강아지처럼 한 걸음도 더 나갈 수 없는[「도림동 강아지」(2006)] 신세이지만, "내 바짓가랑이에 악착같이 매달려서라도" 바다로 떠난 "도깨비바늘"처럼 "한없이 넓고 깊은 사랑과 자유"의 바다에서 너울너울 흐르고 싶습니다. 그 바다는 "작은 욕심 하나도" 용납하지 않습니다. 내 바짓가랑이에 붙어 바다로 간 도깨비바늘은 시인 자신의 형상입니다. 그 도깨비바늘처럼 나는 뿌리내릴 땅을 이미 떠났고, "자손만대 부귀영화는 진작부터 우리의 것이" 아니었으니, 자유는 자유이되 서늘한 자유입니다. 그 서늘한 자유를 저 같은 사람이 짐작할 수 있다고 말 못하겠습니다[「도깨비바늘」(1998)].

시인은 신부가 되었지만, 신부로 대접받는 것을 좋아하지 않습니다. 그러니까 사람, 특히 여자, 젖가슴, 입맞춤, 하늘과 바다와 별과 11월에 핀 민들레, 이런 것들을 좋아하지만, 로만칼라 하는 것, 검문, 확성기, 철조망, 지뢰밭, 횡성댐 같은 것들은 좋아하지 않고, 천년만년 복을 누리겠다고 고로쇠물 빼먹는 것도[「고로쇠물」(2011)], 일본에 쓰나미 왔다고 좋아하는 것도 좋아하지 않습니다. 그리고 정말로 좋아하는 것은 사랑하는 것입니다. 그래서 그런지 어머니, 아버지, 누님, 사랑하는 여인을 향한 시들이 절창으로 느껴집니다.

> 중학생 시절
> 서울행 첫차 놓치지 않도록
> 매일 새벽밥 먹여 나를 등떠밀어 보내시고
> 어머니는 빨간 함지박에 생선 받아 이고
> 진종일 집집마다 대문을 두드리셨습니다
> 그걸 견딜 수 없어
> 나는 집 떠나 신학교에서 옴니부스 옴니아를 배우고
> 환갑 넘어 지금껏 혼자입니다

어머니 오늘은

당신 발치에 홀로 서 있는 제가 안쓰러우십니까

—「어머니—백석 산소에서」(2011)

  어머니 때문에 사제가 되셨다니 사제가 되기에 그보다 거룩한 이유는 없을 것입니다. 그러나 삶을 미리 살아보고 살 수는 없는 것. 어머니 무덤 앞에 홀로 서 "제가 안쓰러우십니까"라고 무덤 속 어머니에게 묻습니다. 어머니가 안쓰러워 신부가 되었지만, 어머니는 신부 아들을 안쓰러워하고, 이제 아들은 어머니의 안쓰러움을 어떻게 해드릴 방도가 없습니다. 그 외로움은 온전히 남겨진 아들의 몫입니다.

  누구나 꿀 수 있는 실현 가능한 꿈이고 현실에 근접해 있는 꿈인데, 출발선에서부터 꿀 수 없는 꿈이라고 접으면서 시작하는 사랑은 어떤 사랑일까요? 사랑의 상처야 없는 사람이 없지만, "사랑하는 것을 알았으면" "서둘러 돌아가야 하는 사랑"은 상처조차 허락하지 않는 사랑입니다. "사그라지는 젊음을 붙잡아두려/ 분별없이 허우적거리던 몸부림"이었고, "헛된 욕심"이었다고 명명하고 나서야, 서해의 "긴 터널"을 지나고 나서야, 그제야 "서해와는/ 또 다른 사랑이에요/ 남해에 부는 바람은"이라고 노래할 수 있는 사랑입니다. 그러나 남해에 부는 바람, "또 다른 사랑"에는 연인은 없고 "문밖에 버려두었던" 시가 기다리고 있습니다. 서해의 긴 터널을 빠져나와 따뜻한 남해에 이르러 "보아요 눈부신 햇살은/ 지천의 동백을 보석처럼 반짝이게 하고/ 여기엔 성난 파도도 개울음도 없어요/ 추위나 어둠이 스며들 틈 없어요/ 별밤마저 따뜻해요"라고 노래하지만, 사랑하는 사람은 이제 멀리 있습니다[「남해 기행」(1998)].

"그대와 함께/ 이 강에 오고 싶던 날", "그날 같은 막바지 겨울의 오후"에도 시인은 사랑하는 사람과 떨어져 혼자 "말없이 강가에" 서 있습니다. "눈부시게 부서지는 강물 위의 햇살"은 "갈라터져 피 흐르던 내 입술처럼/ 사방 돌과 바위에" 부딪히고, 그것은 "시퍼런 멍투성이로 흘러온/ 강 상류의 골짜기에 대한 회상"을 떠올립니다. 그러나 시인은 "이제는 그만/ 매어놓은 나룻배 풀어/ 강 한가운데 눕고" 싶습니다. 그리고 기대합니다. 강 한가운데 나룻배에 누워 우리의 사랑이 "반짝이는 물결을 타고/ 하늘 맞닿은 바다에 흘러들어/ 숨 막히는 춤을" 출 것을 기대합니다. 혼자 누운 나룻배에서 두 사람의 사랑이 숨 막히는 춤을 출 것을 기대합니다. 그런 기대를 하는 오늘 시인은 환상 속에서 혼자가 아니라 "그대와 함께" 있습니다[「다시 섬진강가에서」(1996)].

사랑에 대한 시인의 환상은 평범하면서도 느립니다. 저속하지 않으며 자신의 한계를 인식하고 거짓말하지 않습니다.

언제나 밤이 되면 차갑고 깨끗한 밤공기가 고뇌와 함께 나를 맞고, 내 방에 돌아오면 다시 쓸쓸함이 창문을 통해 들어오지만, 귀를 기울이면 멀리 잃어버린 사랑과 친구들의 속삭임이 들려오고, 섬진강의 반짝이는 물결, 나룻배에 누운 두 사람의 영혼이 떠오릅니다. 끝없이 흐르는 강물 위로 나룻배가 흔들리고 영원히 이어질 그 나날들에 대한 상상이 가슴을 조이게 합니다. 너무나 외롭고 너무나 자유로운 생활. 스스로 타락하는 것을 허락하지 않으면서 젊음과 기쁨, 고통스러운 흔들림을 이해할 수 있는 삶. 결코 고개를 숙이지도, 허리를 굽히지도 않지만, 자유의 미덕을 지닌 미소는 모든 사람의 사랑을 받습니다. 신부님을 가까이해본 사람들은 모두 이 사실을 알아차립니다.

4.

저는 이 시집의 가장 뛰어난 부분은 신부님이 자기 인생의 슬픔과 희망, 기쁨과 두려움을 소박하고 정직하게 노래했을 때라고 생각합니다. 신부님이 시로 노래해주지 않았다면 도무지 우리는 순님이, 순자, 하반신 마비로 예쁜 딸을 낳은 은석이, 백령도의 등굽은 노파를 만나지 못했을 것입니다. 말지나 수녀님과 홍성훈 선생과 근신이 형도 알지 못했을 것입니다. 신부님도 우리와 마찬가지로 사랑했고 실패했으며, 가족들과 연인과 가슴 아픈 인연들을 만들어갔던 것을 미처 몰랐을 것입니다.

사제는 정치적으로 정확해야 하지만, 시인은 정직해야 한다고 생각합니다. 자신이 어떤 장소에 속해 있는지가 확실하게 드러나고 그 장소에 태어나 사는 것에 대해 소박하게 노래하는 시가 좋은 시라고 생각합니다. 그런 점에서 신부님의 시들은 제 마음속에 특별한 자리를 차지합니다. 이 시집에 실린 시들은 신부님이 지나온 섬들과 바다와 꽃과 새, 삶과 사랑에 대한 찬사입니다. 머리가 아니라 가슴으로, 자기가 쓰고 싶은 것만 쓴 시들입니다. 무슨 목적을 가지고 쓰지 않았기 때문에 자신을 팔 이유가 없었고, 그래서 진짜 시들이라고 생각합니다. 스스로를 존중하고 자신을 지키면서 자기 삶을 소박하게 노래한다면 우리 모두 작은 시인이 될 수 있지 않겠습니까?

언젠가 라틴아메리카의 작가인 에두아르도 갈레아노의 인터뷰 기사를 읽은 적이 있습니다. 갈레아노는 "나는 정직한 사람이 되고 싶고, 좋은 작가가 되고 싶다"고 했던 제임스 볼드윈의 말을 인용하면서 자신도 정직한 사람이 되고 싶고, 좋은 작가가 되고 싶다고 말합니다. 그리고 볼드윈의 일화를 하나 소개합니다. 어느 날 볼드윈이 아직 젊었을 때 화가인 친구와 거리를 걸어가고 있었습니다. 빨간 신호등 앞에서 멈춰 섰는데 친구가 "저길 봐"라고 말했습니다. 거기엔 더러운 물웅덩이 말고는 아무것도 없었습니다. 친구는 "다시 잘 좀 봐"라고 했습니다. 그래서 볼드윈이 다시 자세히 들여다보니 작은 웅덩이에 약간의 기름이 퍼져 있는 게 보였습니다. 그 기름 위엔 무지개가 떠 있었고, 움직이는 거리가 보였고, 미친 사람들과 연주자들, 그리고 온 세상이 움직이는 게 보였습니다. 그 작은 웅덩이에 온 우주가 들어 있었던 것입니다. 볼드윈은 바로 그날 자기는 보는 법을 배웠다고 말했습니다. 갈레아노는 이 일화가 말해주는 것처럼 자신은 항상 거리의 작은 웅덩이를 통해 우주를 보려고 노력한다고 했습니다.

  이 일화는 시가 무슨 일을 하는지 잘 말해줍니다. 그것은 더러운 물웅덩이에서 우주를 보는 것이고, "한 알의 모래 속에서 세계를 보며 한 송이 들꽃에서 천국을 보는"[블레이크, 「순수의 전조」] 것입니다. 보잘것없고 평범할 수밖에 없는 나날의 경험을 통해 보편적인 진리와 무한한 실재를 향해 눈부신 빛을 조명하는 것입니다. 구체적인 것 안에 보편이, 겨자씨 한 알에 겨자나무가, 부분 안에 전체가 들어 있습니다. 시의 언어는 우리 주변의 사물과 자연의 이치와 인간 행위의 본질적 특징들이 신적인 것의 계시임을 보여줍니다. 구체적인 물질세계가 피조세계로 변하면서 하느님과 인간 사이에, 피조세계와 인간 사이에 새로운 변화가 이루어집니다. 물질 한가운데서 거룩을 경험하고 일상성 속에서 하느님을 경배하는 일이 시를 통해 가능해집니다. 하느님과 그의 길은 자연 안에서, 그리고 본질적으로 인간적인 모든 것 안에서 찾아집니다. 그리고 시만 그런 게 아니라 실은 믿음을 붙들고 사는 우리의 삶 전체가 궁극적으로는 시가 일으키는 기적, 즉 성례전적 신비 안에 있다고 할 수 있습니다.

그러고 보면 신부님은 세상에서 정말 중요한 것 하나를 꼭 붙들고 사셨습니다. 세상에 보이지 않는 것들, 가장 작은 존재들과 신부님이 맺은 관계들 안에 가장 귀한 것이 있었습니다. 결국은 지나가고 사라져버릴 덧없는 인연들이지만, 그 안에서 반짝이던 눈물이 실은 진주였습니다. 신부님은 질그릇 속에 보물을 안고 사셨습니다. '우리들의 신부님'이 되셨고, '우리들의 시인'이 되셨습니다.

■ 시인의 말

　제가 어느덧 사제생활 40년을 마무리하게 되었습니다. 돌이켜 보면 범상한 시민으로서, 말단 성직자로서 나의 온 열정을 다 바쳐 이 사회나 교회에 기여한 바 없고 가슴 뿌듯한 성취감 한번 제대로 맛보지 못한, 그저 그렇고 그런 날들의 연속이었습니다. 두 번째 시집 발간 이후 20년이 훨씬 넘도록 그 잘난 시를 쓰는 데도 열심치 못했습니다. 부끄럽기 짝이 없습니다.

　지난해부터 나의 사제생활을 이렇게 끝내면 안 되겠구나 싶었지만 그렇다고 시집을 다시 엮을 생각은 없었습니다. 우리 불알친구 병수의 말대로 종이가 아깝다는 생각까지 했으니까요. 그동안 몇몇 가까운 친구들의 호된 질책을 여러 번 듣고서야 부끄러움을 뒤로 하고 용기를 낼 수 있었습니다. 70년대와 80년대의 옛 시들을 다시 꺼내고, 조금은 억지스럽게 10년 단위로 끊어보았습니다. 지나온 40년이 어렴풋이 보이는 것 같았습니다. 차츰 나이가 들면서 시가 눈에 띄게 짧아진 건 할 말이 없어졌다는 표시인가요?

　이렇게 저를 찬찬히 돌아볼 수 있게 해주신 모든 분들께 감

사드립니다. 지금까지와는 또 다른 사제생활을 하면서 새로운 시를 쓸 수 있으면 좋겠습니다.

2016년 9월
부평 부개동 성당에서   호인수